Deutsch mit Olli

2

Lesebuch

Arbeitsheft
LEICHT | BASIS

erarbeitet von
Simone Eutebach, Sylvia Gredig,
Carola Haut-Grzonkowski, Andrea Sperr

mit Illustrationen von
Adja Schwietring, Petra Eimer

Cornelsen

Inhaltsverzeichnis

1

ABC-Gedicht

1 Schreibe die fehlenden Buchstaben dazu.

A, ___ , C, D, E, ___ , G, ___ , I, J, ___ , L, ___ , ___ ,

N, ___ , P, ___ , R, ___ , ___ , U, V, W, ___ , ___ ,

2 📗 Lesebuch Seite 6   Lies das Gedicht.

3 Welcher Buchstabe folgt? Kreuze die richtigen Sätze an. 🔍

☐ **f**ressen.   ☐ **p**latzen.

Ameisen   ☐ **r**ennen.   **O**stereier   ☐ **d**enken.

☐ **b**auen.   ☐ **z**ählen.

4 Ergänze die Sätze mit dem richtigen Wort. 🔍

Wolken   **M**esser   **K**inder   **Y**aks   **I**gel   **E**sel

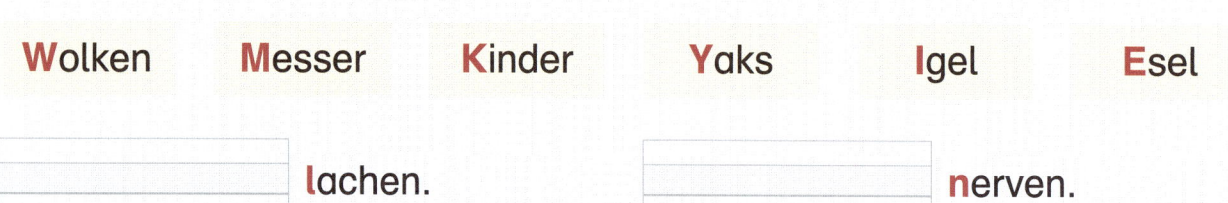

_____ **l**achen.   _____ **n**erven.

5 Schreibe deinen Namen in die Mitte.
Schreibe den Anfangsbuchstaben farbig. Welcher Buchstabe
kommt im ABC davor? Welcher Buchstabe kommt danach?

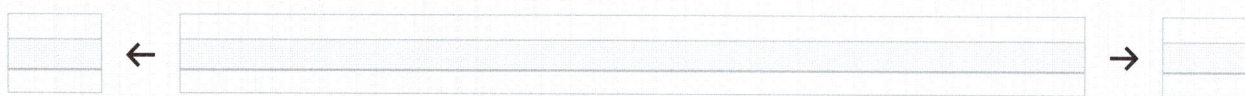

_____ ← _____ → _____

Vornamen-ABC

1 🟩 Lesebuch Seite 7   Lies das **Vornamen-ABC**.

2 Wer macht was? Trage den richtigen Namen ein.
Schreibe die Zeile dahinter. 🔍

Wer isst lieber Schokolade?   *Lars*   Zeile   *12*

Wer glaubt an Gespenster?   Zeile

Wer holt die Leiter?   Zeile

3 Welcher Name steht davor, welcher Name kommt danach?
Lies im Gedicht nach und schreibe die Namen auf.

Doris   Eva

   Kurt

4 An welcher Stelle im **Vornamen-ABC** stehst du?
Schreibe den Satz mit deinem Namen auf.

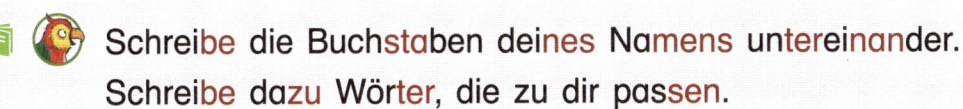

🟩 🦜 Schreibe die Buchstaben deines Namens untereinander.
Schreibe dazu Wörter, die zu dir passen.

O berschlau

L ustig

L ieb

I mmer fröhlich!

Diese Wörter passen zu mir!

Abzählreim / Mitspielreim / Das Murmeltier

1 📗 Lesebuch Seite 9   Lies den **Abzählreim**. Sprich dabei leise.

2 Welche Wörter reimen sich? Male sie in derselben Farbe an.

sechs	acht	vier	zwei
Tier	Ei	Klecks	gemacht

3 📗 Lesebuch Seite 9   Lies den **Mitspielreim**.

4 Wen suchst du mit diesem Reim? Kreuze an.

☐ ein Klavier   ☐ eine Katze   ☐ ein Kind   ☐ einen Baum

5 Probiert den Mitspielreim aus.

6 Lies die Silbentreppe. Zeichne die Silbenbögen ein.

Mur

Murmel

Murmeltier

7 📗 Lesebuch Seite 9   Lies das Gedicht **Das Murmeltier**.

8 Was macht das Murmeltier, wenn es murmelt?
Schreibe oder male.

Elefanten rückwärtszählen / Akrobat

1 Zeichne die Silbenbögen ein.

Rüsselschluck   Elefantenrüsselkuss

2 📗 **Lesebuch Seite 10** Lies den Abzählreim **Elefanten rückwärtszählen**.
Sprich dabei leise oder lass dir den Reim vorlesen.
Zeige dabei mit den Fingern die Anzahl der Elefanten.

3 📗 **Lesebuch Seite 10** Lies das Gedicht **Akrobat**.

4 Welche drei Wörter reimen sich in dem Gedicht? Schreibe auf.

5 Kreuze die richtigen Antworten an.

Was ist ein Akrobat?

☐ ein Turner   ☐ ein Gewichtheber   ☐ ein Clown

Was ist ein Rindvieh?

☐ ein Schwein   ☐ eine Kuh   ☐ ein Pferd

Welches Bild passt?

☐

☐

6 Wieso wäre das Rindvieh gern ein Flamingo? Schreibe auf.

Wie heißt er nur?

1 Welcher Drachen gehört zu welchem Kind?
Folge den Linien nur mit den Augen.
Schreibe die Farbe auf.

Der Drachen von Mila ist ⬚ . Der Drachen von Sami

ist ⬚ . Der Drachen von Ela ist ⬚ .

2 📗 Lesebuch Seite 12 Lies das Gedicht.

3 Was braucht der Drachen? Unterstreiche alle richtigen Wörter. 🔍

Sturm   Gewitter   Wind   Hagel   Schnur   Sonne

4 Suche die passenden Reimwörter im Gedicht. Ergänze die Wörter.

Drachen reimt sich auf: ___achen ___achen

5 Finde eigene Reimwörter zu Drachen. Schreibe auf.

Drachen reimt sich auf: ⬚ ⬚

Die Vogelscheuche

1 Lies die Satztreppen.

Die Vogelscheuche
Die Vogelscheuche steht
Die Vogelscheuche steht immer
Die Vogelscheuche steht immer still.

Die Raben
Die Raben fürchten
Die Raben fürchten sich
Die Raben fürchten sich nicht.

2 📗 Lesebuch Seite 12 Lies das Gedicht.

3 Suche zu jedem Wort das Reimwort.
Schreibe dazu, in welchen Zeilen du die Wörter gefunden hast. 🔍

krah   Zeile 1

da   Zeile 2

nicht   Zeile 3

Brillengesicht   Zeile

genau   Zeile

_____   Zeile

gehen   Zeile

_____   Zeile

Stock   Zeile

_____   Zeile

Wenn die Reimwörter in zwei Zeilen untereinanderstehen, ist das ein Paarreim.

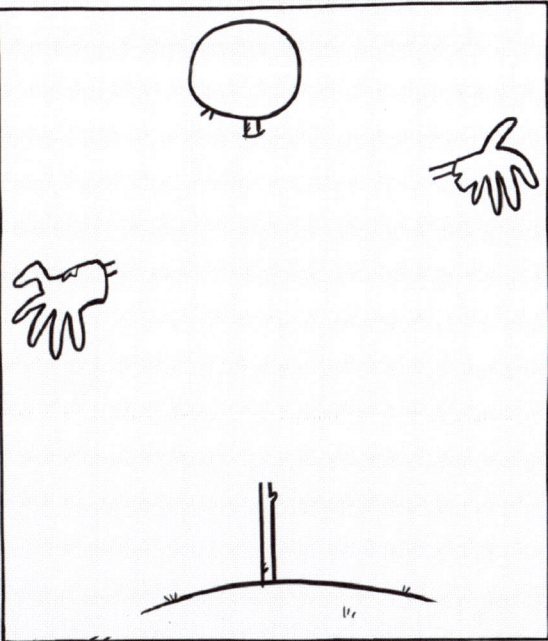

4 Male eine Vogelscheuche, die die Raben erschrecken kann.

Still

1 📗 Lesebuch Seite 14 Lies das Gedicht.

2 Wähle die richtige Antwort aus.

Was fällt leicht auf die Erde?

Die _____ fällt leicht. (Schneeflocke / Wolke)

Wann fällt sie auf die Erde?

Sie fällt in der _____. (Hitze / Nacht)

Wo rauscht die Stille?

Die Stille rauscht im _____. (Auge / Ohr)

3 📗 Lesebuch Seite 14 Sieh dir das niederländische Gedicht **Stil** an oder lass es dir vorlesen. 🔊

4 Vergleiche die deutschen und die niederländischen Wörter. Finde die richtige Übersetzung und schreibe sie daneben. 🔍

Schneeflocke	Ohr	Nacht	~~still~~	wirbelt

stil – *still*   dwarrelt – _____

oor – _____   nacht – _____

sneeuwvlok – _____

5 Eine Schneeflocke fällt. Markiere die drei passenden Wörter.

knallen   donnern   leicht   laut   schweben   trocken   leise

Stern

1 Lies die Wörter. Schreibe sie daneben auf.

Schnee

Schneeflöckchen

Schneeflöckchenstern

2 📗 Lesebuch Seite 14 Lies das Gedicht **Stern**.

3 Beantworte die **W-Fragen**.
Setze die Silben richtig zusammen und schreibe auf.

Welches Fest ist bald?

(ten – Weih – nach)

Was wünscht sich der Stern?

(schrank – Eis)

4 Finde die beiden Reimpaare im Gedicht.
Schreibe das Reimwort darunter.

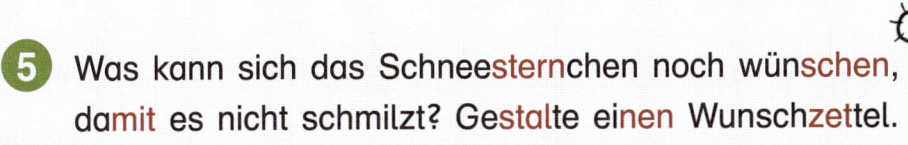

5 Was kann sich das Schneesternchen noch wünschen,
damit es nicht schmilzt? Gestalte einen Wunschzettel.

🦜 Schreibe das Gedicht in schöner Schrift auf.
Male dazu. Verschenke dein Gedicht.

Blütenspiel

1 Welche Wörter passen zum Frühling? Male sie an.

| Laub | Blüten | Weihnachten |

| Vögel | dunkel | Schnee |

| grün | Sonne |

2 📖 **Lesebuch Seite 16** Lies das Gedicht.

3 Beantworte die **W**-Fragen. Schreibe das richtige Wort auf.

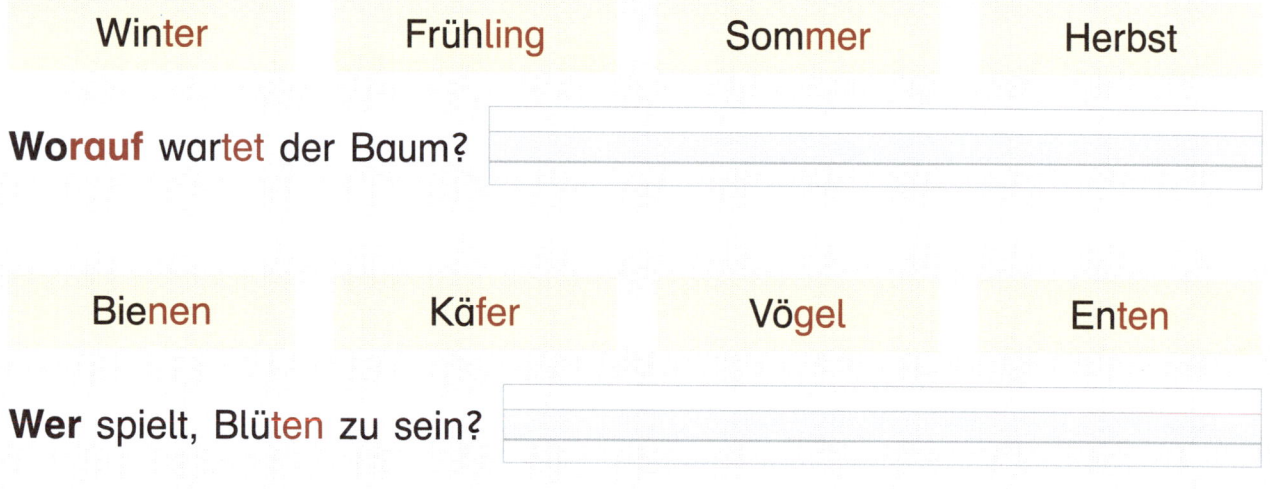

| Winter | Frühling | Sommer | Herbst |

Worauf wartet der Baum? _____

| Bienen | Käfer | Vögel | Enten |

Wer spielt, Blüten zu sein? _____

4 Was magst du am Frühling besonders gern?
Schreibe ganze Sätze auf.

_____

_____

_____

Was der Regenwurm nachts macht

1 📗 **Lesebuch Seite 16** Lies die Überschrift und betrachte die Form des Gedichts.
Was fällt dir auf? Schreibe auf.

2 📗 **Lesebuch Seite 16** Lies das Gedicht.

3 Kreuze die beiden richtigen Aussagen an.

☐ Fast alle Wörter sind kleingeschrieben.   ☐ Es gibt keine Punkte.

☐ Alle Wörter sind großgeschrieben.   ☐ Es gibt viele lange Sätze.

4 Bringe die Sätze in die richtige Reihenfolge. Nummeriere. 🔍

☐ Der Regenwurm dreht sich.

☐ Die Fledermaus frisst den Regenwurm.

☐ Es regnet.

☐ Der Regenwurm ringelt sich aus der Erde.

5 Finde den WURM im TURM.
Finde die DECKE in der SCHNECKE.
Markiere.

Kannst du eine MAUS im HAUS verstecken?

Alles Sommer

1 Was passt nicht zum Sommer?
Finde die fünf Fehler im rechten Bild.
Kreise ein.

2 📗 Lesebuch Seite 17 Lies das Gedicht.

3 Ergänze die Sätze. 🔍

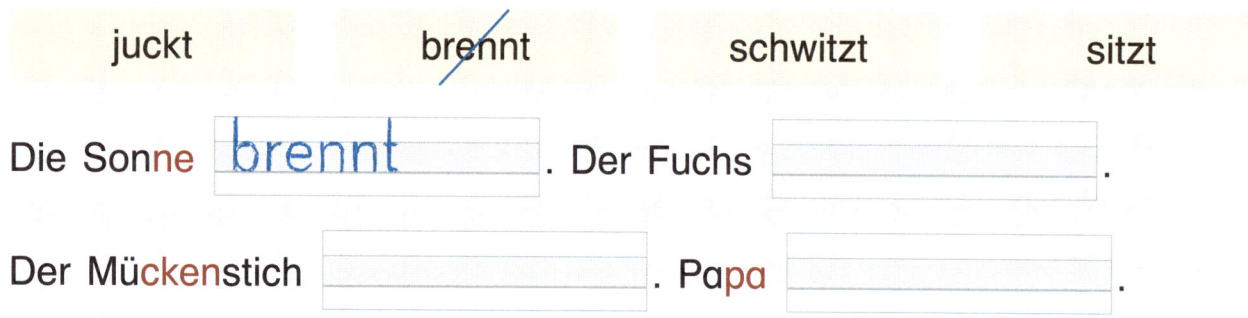

| juckt | brennt | schwitzt | sitzt |

Die Sonne _brennt_. Der Fuchs _____.

Der Mückenstich _____. Papa _____.

4 Was kann im Sommer noch passieren? Dichte selbst.

Alles _____

alles _____

alles _____

Alles Sommer

Rätsel

1 Lesebuch Seite 17 Lies das Rätsel.

2 Schreibe die Antworten zu den **W**-Fragen auf.

Wo ist das Bett?

Was macht man in dem Bett?

3 Welches Bett ist gemeint? Setze die Silben zusammen.

ge	mat	Hän	te

4 Suche die beiden Reimpaare in dem Gedicht.
Schreibe die Reimwörter untereinander.

5 Welches Nomen wird gesucht? Schreibe es in die Mitte.

Kugel   kalt

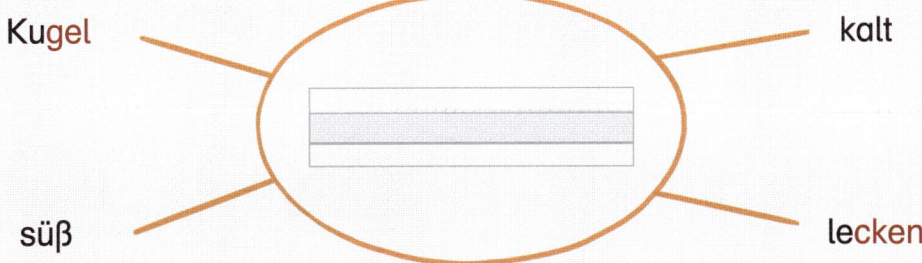

süß   lecken

Erfinde ein eigenes Rätsel. Suche dir ein Nomen aus.
Finde vier Wörter, die dein Wort beschreiben.

Das habe ich gelernt

In deinem Lesebuch hast du viele Gedichte kennengelernt.

Kreuze an, was zutrifft.

☐ Ich habe verschiedene Gedichte gelesen.

☐ Ich habe ein Gedicht
in einer anderen Sprache kennengelernt.

☐ Ich habe ein Gedicht laut vorgetragen.

☐ Ich habe Reimwörter in einem Gedicht gefunden.

Schreibe auf, welches Gedicht aus dem Lesebuch
dir besonders gut gefallen hat.
Schreibe dazu, auf welcher Seite es steht.

Seite

Kennst du noch ein anderes Gedicht,
das nicht im Lesebuch steht?
Schreibe das Gedicht in schöner Schrift auf
und gestalte es.

Wir reimen uns!

Mein Gedicht

Zusammen sind wir stark

1 Welcher Satz passt zu welchem Bild? Verbinde.

Der Junge
ist ganz alleine.

Zusammen sind
die Kinder stärker.

Der Junge hat Angst
vor den großen Jungen.

2 **Lesebuch Seite 20** Lies die Bildergeschichte.

3 Kreuze an.

Wie fühlt sich Mäx **am Anfang** der Geschichte?

Wie fühlt sich Mäx **am Ende** der Geschichte?

Was macht die Kinder stark?
Die ganze Klasse hält

s u z m m a n e

z_____.

4 Was könnten die Kinder noch tun, um Mäx zu helfen? Begründe.

Streit um Nessi

1 Lies die Wörter. Zeichne die Silbenbögen ein.

Schulhof   Holzgerüst   Streitschlichter

2 📗 Lesebuch Seite 21 Lies die Geschichte.

3 Was stimmt? Verbinde die Satzhälften passend. Schreibe sie auf.

Nessie	wollen auch schaukeln.
Janne und Emin	schlichten Streit.
Ella und Toni	ist eine Nestschaukel.
Oskar und Luise	sind die Schnellsten.

4 Wer hat recht? Kreuze an und begründe.

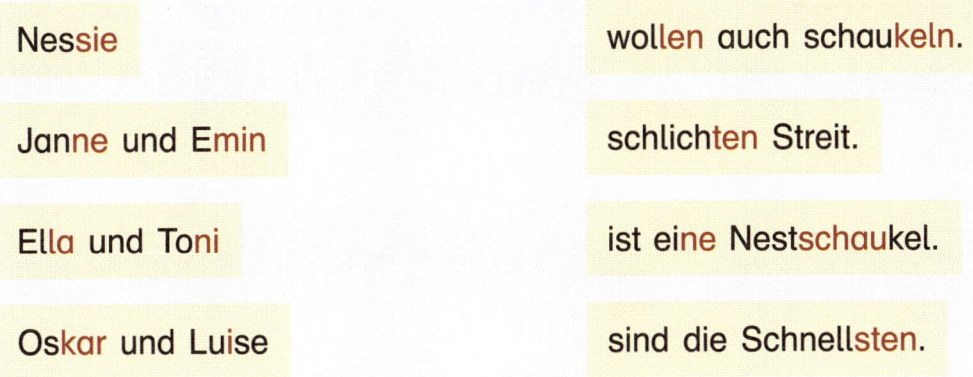

☐ Janne *Wir waren zuerst da, deswegen gehört Nessi uns!*

Jeder darf auf Nessi schaukeln! Toni ☐

5 Die Kinder halten Klassenrat. Wie können sie den Streit lösen?
Sammelt Ideen und stellt sie der Klasse vor.

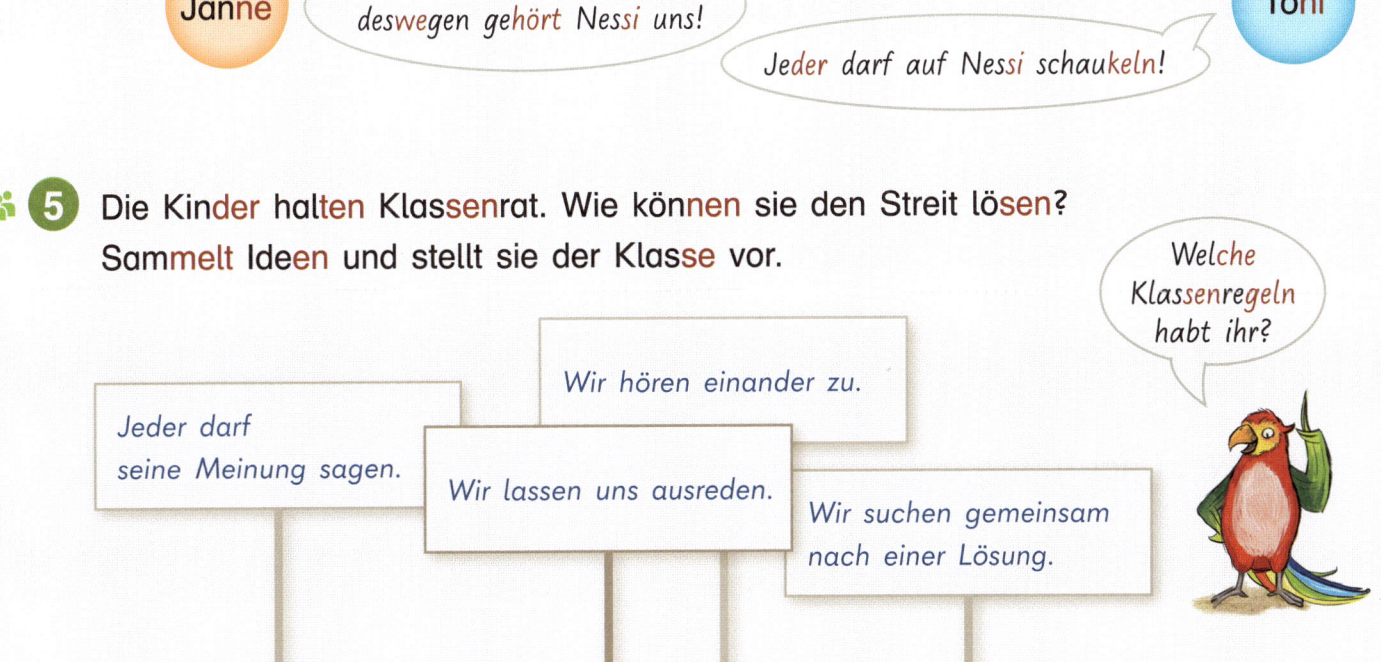

Welche Klassenregeln habt ihr?

Wir hören einander zu.

Jeder darf seine Meinung sagen.

Wir lassen uns ausreden.

Wir suchen gemeinsam nach einer Lösung.

Ich habe fast einen Hund

1 Welches Tier ist **kein** Haustier? Streiche es durch.

| Wellensittich | Goldfisch | Hamster | Katze | Giraffe | Hund |

2 📗 Lesebuch Seite 24 Lies die Geschichte.

3 Richtig oder falsch? Kreuze an.

Thomas hat Goldfische. ☐ richtig ☐ falsch

Anna hat eine Katze. ☐ richtig ☐ falsch

Lisa hat einen Hund. ☐ richtig ☐ falsch

4 Wer sagt was? Schreibe auf. 🔍

| „Sie lügt!" | „Du hättest gerne einen Hund." | „Ich habe einen Hund." |

Lisa: _____

Andi: _____

Herr Rieger: _____

5 Hast du ein Haustier? Kreuze an und schreibe auf.

☐ Ja, ich habe _____

☐ Nein, ich hätte aber gerne _____

☐ Nein, ich möchte kein Haustier.

Mit Papa im Zoo

1 Setze die Tiernamen richtig zusammen. Schreibe sie auf.

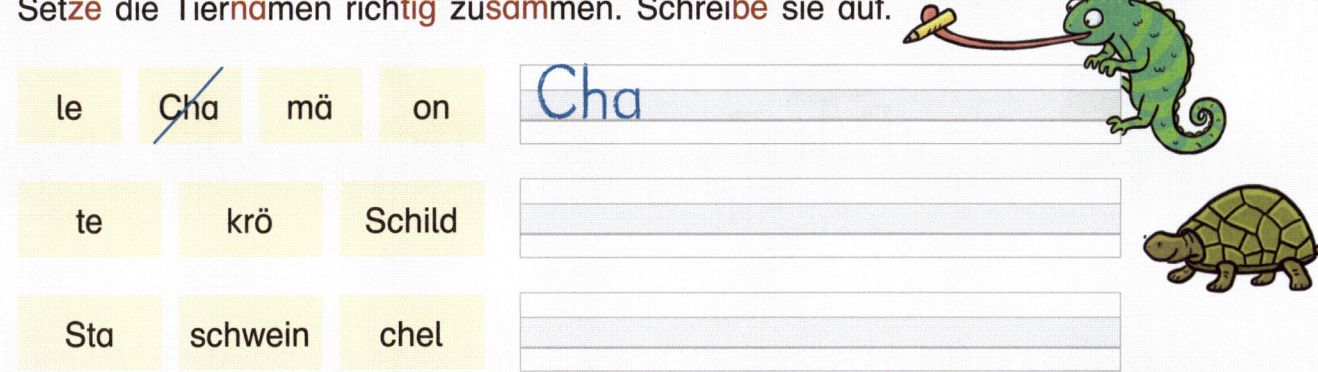

| le | ~~Cha~~ | mä | on |

Cha

| te | krö | Schild |

| Sta | schwein | chel |

2 Setze passend zusammen und schreibe auf.

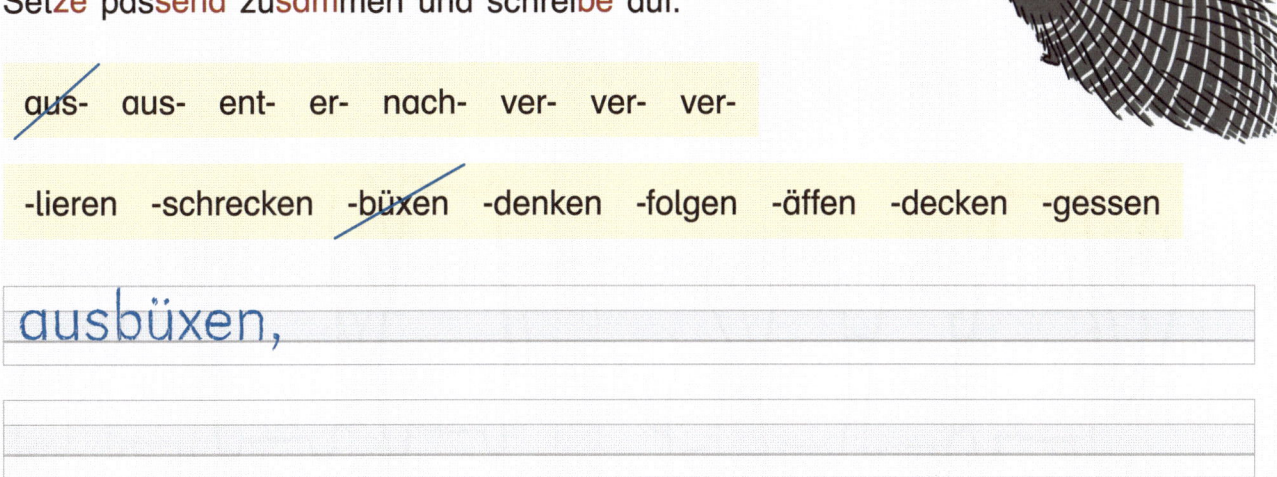

aus- ~~aus-~~ ent- er- nach- ver- ver- ver-

-lieren -schrecken ~~-büxen~~ -denken -folgen -äffen -decken -gessen

ausbüxen,

3 📗 Lesebuch Seite 25 Lies die Geschichte.

4 Wer macht was im Zoo? Unterstreiche die richtige Person.

Grimassen schneiden	Sohn	<u>Papa</u>
Schildkröten erschrecken	Sohn	Papa
Eis ablehnen	Sohn	Papa
Hut verlieren	Sohn	Papa
laut lachen	Sohn	Papa

5 Wie fühlt sich der Sohn nach dem Zoobesuch? Ergänze den Satz.
Er ist völlig fertig, weil …

Familie

1 Lies die Wörter. Schreibe sie richtig auf.

2 Lesebuch Seite 28 Lies die Bildergeschichte.

3 Wer gehört zu der Familie? Male das Bild aus.

4 Was machen die Familienmitglieder? Unterstreiche.

Sie streiten.   Sie schlafen.   Sie schimpfen.

Sie sammeln Pilze.   Sie lesen ein Buch.

Sie halten zusammen.   Sie haben sich lieb.

5 Welchen Satz findest du am wichtigsten? Schreibe ihn auf.

  Wer gehört zu deiner Familie?

Der rote Mantel

1 Lies die Wörter und Sätze.

rote Decke

rote geteilte Decke

rote geteilte geschenkte Decke

Die geteilte Decke

Die geteilte Decke wärmt

Die geteilte Decke wärmt Amir.

2 **Lesebuch Seite 29** Suche die Wörter in der Geschichte.
Schreibe auf, wie oft du sie gefunden hast.

und 5   der [ ]   Er/er [ ]   in [ ]

3 **Lesebuch Seite 29** Lies die Geschichte.

4 Nummeriere die Sätze in der richtigen Reihenfolge.
Schreibe sie in der richtigen Reihenfolge auf.

[ ] Der Mann teilt seine Decke mit einem Messer.

[1] Amir kommt in einer fremden Stadt an.

[ ] Ein Mann sieht, dass Amir friert.

[ ] Amir ist kalt.

[ ] Der Mann schenkt Amir die Hälfte seiner roten Decke.

5 Warum würde die Frau den Mann Martin nennen? Schreibe auf.
Tipp: Du kannst auch Informationen im Internet finden. Gib die
Wörter Martin und Mantel in eine Kindersuchmaschine ein.

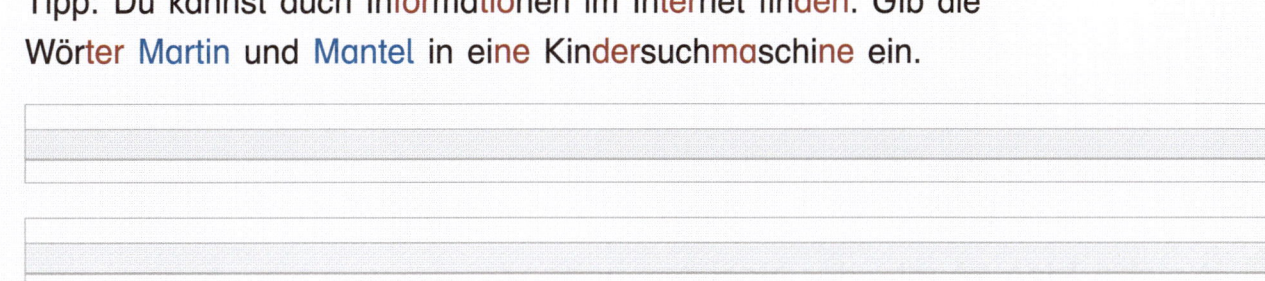

Pssst!

1 Sieh dir das Bild an. Worum geht es?
Kreuze alle richtigen Antworten an.

☐ Das Mädchen spielt.

☐ Das Mädchen kocht.

☐ Das Mädchen stört
den Nachbarn.

☐ Der Nachbar badet.

☐ Der Nachbar liest.

☐ Der Nachbar stört
das Mädchen.

2 📗 Lesebuch Seite 32/33 Lies die Geschichte.

3 Das Mädchen macht vieles. Wie klingt es? Schreibe auf.

Ball spielen	BOING BOING
singen	
trommeln	
tanzen	

4 Welche Idee könnte der Nachbar haben?

Matze tanzt ein Tor

1 Lies die Wörter. 🔍

Fuß	Tanz
Fußball	Balletttanz
Fußballspiel	Balletttanztrikot
Ballspiel	Tanztrikot
Spiel	Trikot

2 Lesebuch Seite 34 Lies die Überschrift und betrachte das Bild.
Worum geht es in der Geschichte? Schreibe deine Vermutung auf.

3 Lesebuch Seite 34 Lies die Geschichte.

4 Beantworte die **Was**-Fragen. Kreuze an.

Was mag Matze gern?

☐ Fußball ☐ Handball ☐ Ballett

Was spielen die anderen Jungen?

☐ Handball ☐ Fußball ☐ Basketball

Was passiert Ole?

☐ Er ist verletzt. ☐ Er muss aufs Klo. ☐ Er muss auf der Bank sitzen.

Was macht Matze?

☐ Er tanzt Ballett. ☐ Er pfeift das Spiel ab. ☐ Er schießt ein Tor.

5 Was macht ihr gern? Legt eine Strichliste für eure Klasse an.

Sportart	Anzahl der Striche

Unterm Bett

1 Lies die Wörter und zeichne die Silbenbögen ein.

Hochbett   Höhle   Spielzeug

2  Lies die Geschichte. Du kannst dir den Anfang der Geschichte auch vorlesen lassen.

3 Bilde Sätze. Schreibe die richtigen Sätze auf.

	hat	sprechen und klettern.
Das Zebra	ist	Husten.
	kann	erkältet.

4 Was erleben Hanna und das Zebra gemeinsam? Male ein Bild.

Mathildas Monster

1 Wie stellst du dir ein Monster vor? Markiere alle Wörter blau,
die zu einem Monster passen.

leise	groß	klein	kalt	gruselig
lieb	stark	haarig	laut	gefährlich
glibberig	schüchtern	gestreift	böse	

2 📖 **Lesebuch Seite 37** Lies die Geschichte und betrachte das Bild.

3 Verbinde die Satzhälften passend. Schreibe sie auf.

Viele Kinder	weil das Monster nicht kommt.
Mathilda glaubt,	dass ihr Monster sie bald findet.
Mathilda ärgert sich,	kommt das Monster.
Sie sucht	haben bereits ein eigenes Monster.
Als Mathilda stillsteht und ruft,	das Monster überall.

4 Wie könnte Mathildas Monster sein?
Finde passende Wörter im Wörterkasten von Aufgabe **1**
und umkreise sie grün.

Was erleben Mathilda und ihr Monster gemeinsam?
Erzählt euch gegenseitig.

Das habe ich gelernt

In deinem Lesebuch hast du viele Geschichten gelesen.

Kreuze an, was zutrifft.

◻ Ich habe eine Bildergeschichte angeschaut.

◻ Ich habe eine Geschichte über ein Haustier gelesen.

◻ Ich habe eine verrückte Geschichte gelesen.

◻ Ich habe mir ein Buch zum Lesen ausgesucht.

Welche Geschichte aus dem Lesebuch
hat dir besonders gut gefallen?
Schreibe den Titel der Geschichte auf.

Schreibe auf, wer die Geschichte geschrieben hat.
Tipp: Unter dem Text im Lesebuch steht der Name
der Autorin oder des Autors.

Welche Geschichten liest du gerne? Kreuze an.

◻ spannende Geschichten   ◻ Geschichten über Freundschaft

◻ gruselige Geschichten   ◻ lustige Geschichten

Hast du ein Lieblingsbuch? Bringe das Buch
in die Schule mit. Zeige es deiner Klasse.

Schreibe eine Geschichte von Mathilda und ihrem Monster.
Tipp: Eine Geschichte hat einen Anfang, eine Mitte und einen Schluss.

Mathilda freut sich, dass sie endlich ihr eigenes Monster hat.

Nasengruß und Wangenkuss

1 Lies die Wörter und zeichne die Silbenbögen ein.

Nase

Wange

Hand

Nasen

Wangen

Hände

Nasengruß

Wangenkuss

Händedruck

2 📗 Lesebuch Seite 42   Lies den Text.

3 Wo begrüßen sich Menschen so? Verbinde.

| Japan | Frankreich | arabische Länder | Neuseeland |

4 Was passt nicht zu einer Begrüßung? Streiche durch.

auf die Wange küssen	schnell weglaufen	Hallo sagen
die Schuhe putzen	sofort einschlafen	die Hand geben
einander umarmen	sich verbeugen	fröhlich winken

5 Denkt euch eine Begrüßung aus.

Beş taş: Fünf Steine

1 📗 Lesebuch Seite 43 Lies die Spielanleitung.

2 Kreuze die richtigen Antworten an.

Wie viele Steine werden in die Luft geworfen?

☐ Es wird kein Stein in die Luft geworfen.

☐ Es wird ein Stein in die Luft geworfen.

☐ Es werden zwei Steine in die Luft geworfen.

Wie spielt ihr das Spiel?

☐ Wir stehen.　☐ Wir sitzen am Tisch.　☐ Wir sitzen auf dem Boden.

Was passiert, wenn ein Kind den Wurfstein nicht fangen kann?

☐ Das nächste Kind ist an der Reihe.　☐ Das Spiel wird beendet.

3 Setze das richtige Wort ein: **mehr** oder **weniger**?

Während der Wurfstein in der Luft ist, werden von Runde zu Runde

immer _____ Steine vom Boden aufgehoben.

4 Worauf kommt es bei dem Spiel besonders an? Kreise zwei Nomen ein.

Kraft　　Schnelligkeit　　Mut　　Geduld　　Geschicklichkeit　　Klugheit

Wie heißt „fünf" in anderen Sprachen? 🔍

beş　　arabisch　　five　　?　　englisch　　?

türkisch　　spanisch　　französisch　　?

Was hast du heute gegessen?

1 Verbinde passend.

Marmorkuchen   Seetang   Erdbeeren

Grünkohl mit Wurst   Nudeln mit Tomatensoße

2 📗 Lesebuch Seite 46   Lies die Texte.

3 Welches Essen möchtest du gern probieren?

Ich möchte das Essen von _____ probieren.

4 Seetang schmeckt salzig. Injera schmeckt leicht sauer.
Wie schmecken diese Lebensmittel für dich? Kreuze an.

	sauer	süß	salzig	bitter	weiß nicht
🍎 Apfel					
🍅 Tomate					
🥨 Brezel					
🥬 Grünkohl					
🥛 Joghurt					

5 Vergleicht eure Tabellen. Was ist gleich? Was ist anders?

Eier-Pfannkuchen

1 📗 Lesebuch Seite 47 Lies das Rezept.

2 Wozu findest du Angaben im Rezept?
Kreuze alle richtigen Antworten an.

☐ Zutaten   ☐ Geschäfte   ☐ Helfer

☐ Kosten   ☐ Zubereitung   ☐ Küchengeräte

3 Wie viel von den Zutaten brauchst du jeweils? Verbinde.

Mehl	Eier	Milch	Mineralwasser	Öl

300 ml	250 g	2 EL	4	50 ml

4 Welche Küchengeräte benötigst du? Kreise ein. 🔍

5 Beschreibe deinen besonders leckeren Spezial-Eier-Pfannkuchen.

Was fliegt durch die Nacht?

1 Sieh dir das Bild an. Setze die Silben richtig zusammen und ergänze den Satz.

| re | Säu | tie | ge |

Tiere, die ihre Kinder mit Milch *säugen*,

nennen wir _____ .

2 **Lesebuch Seite 50** Lies den Text und lies die Tabelle. Du kannst dir die Tabelle auch vorlesen lassen.

3 Was ist richtig? Schreibe die Sätze auf.

	haben Federn.
Vögel	haben Fell oder Haare.
	legen Eier.
	können niemals fliegen.
Säugetiere	bekommen lebende Kinder.
	saugen bei der Mutter Milch.

4 Warum sind Fledermäuse keine Vögel? Erklärt.

Die Zwerg-Fledermaus

1 Was weißt du schon über Fledermäuse? Schreibe auf.

2 📗 **Lesebuch Seite 51** Lies den Text.

3 Wann suchen Fledermäuse ihre Nahrung? Kreuze das richtige Bild an.

☐   ☐

4 Wie findet eine Fledermaus Nahrung? Beschrifte das Bild. Erkläre.

Echo   Ultraschall-Schreie

Das stößt die Fledermaus aus.

 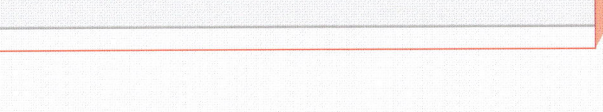 

Das kommt zurück.

5 Was weißt du jetzt? Was hast du Neues erfahren?
Gestalte ein schönes Blatt zum Thema Fledermäuse.

Feuerbohnen wachsen lassen

1 Verbinde passend.

> Das ist eine **Bohne** mit **Samen**.

> Das ist ein **Keimling** mit **Wurzeln** und einem grünen **Trieb**.

2 📖 Lesebuch Seite 54 Lies die Anleitung.

3 Nummeriere die Bilder in der richtigen Reihenfolge.

   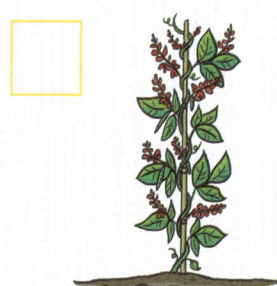   `1`    

4 Was braucht die Feuerbohne zum Wachsen? Kreuze an.

- ☐ einen kühlen Ort
- ☐ einen warmen Ort
- ☐ einen dunklen Ort
- ☐ Milch
- ☐ Wasser
- ☐ Feuer

5 Womit nimmt die Pflanze das Wasser auf? Schreibe auf.

Der Kreislauf des Lebens

1 📗 Lesebuch Seite 55 Lies die Überschrift und sieh dir das Bild an.
Worum geht es in dem Text? Schreibe auf.

_____

_____

2 📗 Lesebuch Seite 55 Lies den Text.

3 Richtig oder falsch? Kreuze an.

	richtig	falsch
Aus Samen werden Bäume.	☐	☐
Aus großen Bäumen fallen kleine Bäume.	☐	☐
Die Wurzeln wachsen nach oben zum Licht.	☐	☐

4 Aus dem Trieb wird ein Stamm.
Was sprießt daraus?
Schreibe die Antwort auf und male dazu.

5 Warum ist das Leben
ein Kreislauf? Erklärt. 🔍

Experiment: blauer Sellerie

1 📗 Lesebuch Seite 56 Lies die Anleitung.

2 Das gefärbte Wasser steigt in der Selleriestange
nach oben. Male die Röhren, über die
die Selleriestange das Wasser eingesaugt hat, blau an.

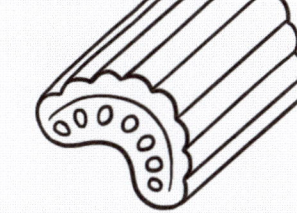

3 Pflanzen brauchen nicht nur Wasser, sondern auch Licht.
Mit welchem Experiment könnt ihr das nachweisen?

Geräusche machen

1 ☐ Lesebuch Seite 58 Sieh dir die Bilder an und lies den Text daneben.

2 Welche Wetter-Geräusche werden nachgemacht? Schreibe unter die Bilder.

_____   _____   _____

3 Was brauchst du, um Wellen nachzumachen? Kreuze an.

☐ 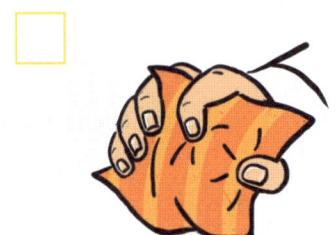   ☐    ☐

4 Lest die Sätze leise. Überlegt euch, womit ihr diese Geräusche machen könnt: Schulglocke, Schritte, leichter Wind, Regentropfen, starker Wind, heftiger Regen, laufen, Hagel, rennen.

Die Schulglocke läutet, die Schule ist aus.
Kiran geht nach Hause. Ein leichter Wind weht. Dunkle Wolken sind am Himmel und es fallen ein paar Regentropfen.
Der Wind wird stärker. Jetzt regnet es heftig. Kiran beginnt zu laufen.
Jetzt hagelt es sogar. Kiran rennt schnell nach Hause.

5 Lest die Geschichte von **4** mit euren Geräuschen vor.
Wenn ihr es aufnehmt, habt ihr ein eigenes Hörspiel.

Hallo, wir sind auf Sendung!

1 **Lesebuch Seite 59** Lies die Überschrift. Sieh dir das Bild im Lesebuch an.
Worum geht es in dem Text? Schreibe deine Vermutung auf.

2 **Lesebuch Seite 59** Lies den Text oder lass ihn dir vorlesen.
Stimmt deine Vermutung? Kreuze an.

☐ ja   ☐ nein   ☐ zum Teil

3 Beantworte die **W**-Fragen in Stichworten.

Wer stürmt ins Lehrerzimmer?

Was machen die Kinder heute?

Wie oft in der Woche haben sie sich getroffen?

4 Was wurde nicht gesendet? Streiche durch.

Ereignisse der letzten Tage   ein Buchtipp   Hinweis auf die Theaterwoche

die Begrüßung   Erinnerung an den Umwelttag   der Witz der Woche

5 Bereitet eine Schulradiosendung vor. Geht so vor:

1) Überlegt euch, worüber ihr im Schulradio berichten möchtet.
2) Entscheidet, wer was sagt. 1. Kind: Begrüßung, 2. Kind: …
3) Schreibt euren Text auf ein Blatt. Jedes Kind hat ein eigenes Blatt.
4) Übt euren Text.
5) Geht auf Sendung!

Das habe ich gelernt

In deinem Lesebuch hast du unterschiedliche Sachtexte kennengelernt.

Kreuze an, was zutrifft.

☐ Ich habe verschiedene Sachtexte gelesen.

☐ Ich weiß, was ein Sachtext ist.

☐ Ich habe etwas über Kinder in anderen Ländern erfahren.

☐ Ich habe etwas über Tiere erfahren.

☐ Ich kann eine Tabelle lesen.

☐ Ich habe in eine Tabelle geschrieben.

☐ Ich habe etwas über Pflanzen erfahren.

☐ Ich habe ein Experiment durchgeführt.

☐ Ich kann eine Anleitung verstehen.

Ich habe nach einer Anleitung

☐ gespielt. ☐ gekocht. ☐ gepflanzt.

☐ Ich habe Geräusche gemacht, die sich anhören wie

Zu diesen Themen habe ich Sachtexte gelesen:

Dieses Thema interessiert mich besonders:

Hierzu habe ich mir noch mehr Informationen gesucht:

Rotkäppchen

1 Welchen Weg muss Rotkäppchen nehmen? Folge den Wegen zuerst mit den Augen. Male dann den richtigen Weg mit dem Stift nach.

2 ▊ Lesebuch Seite 64 Lies das Märchen.

3 Kreuze zu jedem Satz das richtige Satzende an. 🔍

Rotkäppchen trifft im Wald den ☐ Jäger. ☐ Wolf.

Der Wolf läuft zum Haus der ☐ Mutter. ☐ Großmutter.

4 Trage die passenden Verben ein.

| pfeift | pflückt | frisst | trinkt |

Rotkäppchen _____ die Blumen.

Der Wolf _____ die Großmutter.

5 Was hätte Rotkäppchen besser machen sollen? Bilde einen Satz.

auf dem Weg   Rotkäppchen hätte   bleiben sollen.

_____

_____

Rotkäppchen ohne Worte

1 Lesebuch Seite 65 Sieh dir die Bilder genau an.

2 Kreise die neun Wörter ein, die zur Geschichte passen.

Katze	Wald	Mädchen	Fahrrad	Wolf	Blumen	Handy
Großmutter	Korb	Auto	singen	Schule	rot	Käppchen	Bett

3 Was sagt die Mutter zu Rotkäppchen? Kreuze die drei passenden Sätze an.

Mutter sagt: „Rotkäppchen, du sollst auf dem Weg zur Großmutter …

☐ keine Blumen pflücken.“   ☐ eine Freundin treffen.“

☐ mit niemandem sprechen.“   ☐ trinken und essen.“

☐ auf den Spielplatz gehen.“   ☐ keine Umwege gehen.“

4 Überlegt gemeinsam, wie das Märchen weitergehen kann.
Male zwei passende Bilder.

Die endlose Geschichte

1 Verbinde passend.

| Scheune | König | Heuschrecke | Korn | Bursche |

2 📖 Lesebuch Seite 68   Lies das Märchen.

3 Welche Personen sprechen in dem Märchen? Schreibe auf.

4 In welcher Zeile steht das im Lesebuch? Schreibe auf.

Es war einmal ein König … ⬜

Der Bursche erzählte: 6

Als die Scheune voll war, kam eine Heuschrecke … ⬜

„Das ist ja eine endlose Geschichte!" ⬜

5 Ist die Geschichte wirklich endlos? Überlegt gemeinsam.

🦜 Überlegt euch eine endlose Geschichte.
Sammelt eure Stichwörter. Erzählt dann die Geschichte.

Die drei Wünsche

1 Verbinde die Wortteile passend. Lies dann das Wort genau. Schreibe es auf.

Holz	-wurst
Dumm	-fäller
Brat	-spitze
Nasen	-kopf

2 📗 Lesebuch Seite 69   Lies das Märchen.

3 Trenne die Wörter und schreibe sie auf. 🔍

FEE | MANNFRAUWUNSCHWURSTNASE

4 Finde die sechs Fehler im Bild.
Kreise ein.

5 Die Fee kommt zu dir. Welche drei Wünsche hast du? Schreibe auf.

Überlege gut!

Die Strohhüte im Schnee

1 Verbinde die Sätze und die Bilder passend.

Der Mann flocht Strohhüte.

Vor einem Tempel standen Statuen.

Vor der Tür stand Essen.

2 📙 Lesebuch Seite 70/71 Lies das Märchen oder lass es dir vorlesen.

3 Beantworte die **W**-Fragen. Schreibe ganze Sätze auf.

Wohin ging der Mann?

Er _____

Wem schenkte der Mann seine Hüte?

_____

4 Streiche in jedem Satz das falsche Wort durch.

Der Mann und die Frau waren reich / arm.
Der Mann kam mit nichts / viel nach Hause.
Vor der Tür standen Schalen / Hüte.
Die Menschen / Statuen hatten ihnen Essen gebracht.

 Welches Sprichwort passt zu dem Märchen? Kreuze an.

☐ Alles Gute kommt von oben.   ☐ Wer Gutes tut, dem wird Gutes passieren.

Das habe ich gelernt

In deinem Lesebuch hast du Märchen aus aller Welt kennengelernt.

 Kreuze an, was zutrifft.

☐   Ich habe verschiedene Märchen gelesen.

☐   Ich habe ein Märchen aus einem anderen Land kennengelernt.

☐   Ich habe ein Märchen mit einem Tier gelesen.

☐   Ich weiß, wie Märchen oft beginnen: _____

Welches Märchen aus dem Lesebuch hat dir
besonders gut gefallen?
Schreibe den Titel des Märchens auf.

_____

Wer hat das Märchen aufgeschrieben?
Oder aus welchem Land kommt es?

_____

Kennst du noch ein anderes Märchen,
das nicht im Lesebuch steht?
Wie heißt es?

_____

Bringe das Märchen in die Schule mit.
Zeige es deiner Klasse.

Zum Strand!

1 📗 Lesebuch Seite 76   Lies den ersten Absatz, Zeile 1 bis 4.

2 Beantworte die **W**-Fragen.

Wie viele Kinder spielen mit?

Wie ist das Wetter?

Was will Fratz?

3 📗 Lesebuch Seite 76/77   Lies das Spielstück.

4 Was passiert? Bringe die Sätze in die richtige Reihenfolge.

☐ Zum Schluss ist die Sonne schon untergegangen.

☐ Sie fahren mit den Fahrrädern los.

☐ Dann verirren sie sich und schlafen ein.

1 Lutz, Butz, Mats und Fratz wollen zum Strand.

5 Bereitet die Aufführung vor.

Verteilt die fünf Rollen: Lutz, Butz, Mats, Fratz, Erzählerin.
Übt das Lesen. Erst allein, dann gemeinsam.
Denkt euch passende Bewegungen aus.

6 Führt das Stück auf.

Was ist euch besonders gut gelungen?
Wie hat die Aufführung den Zuschauern gefallen?

Totti

1 📗 Lesebuch Seite 78   Lies das Spielstück oder lass es dir vorlesen. 💬

2 Wer ist Totti? Schreibe auf.

3 Wer sagt was? Verbinde.

Ich will lieber spielen als streiten.

Die Wohnung ist zu klein für einen Hund.

Hunde machen viel Arbeit!

Ich kümmere mich um Totti.

Ich hätte nichts gegen einen Hund.

Totti braucht ein Zuhause.

4 Verteilt die Rollen: Pekka, Mutter, Vater.
Lest den Text gemeinsam. Achtet beim Lesen auf die Satzzeichen und die richtige Betonung. Tauscht die Rollen und lest den Text noch einmal.
Tipps: **!** Ausruf: Die Stimme ist laut, klar und deutlich.
       ? Frage: Die Stimme geht am Ende hoch.
       . Aussage: Die Stimme geht am Ende runter.

5 Wie kann die Geschichte weitergehen? Schreibe auf.

6 Lies deine Fortsetzung der Geschichte vor.

Spielstücke Stabpuppenspiel

Wer hat mein Eis gegessen?

1 Folge den Linien erst mit den Augen und
fahre sie dann mit unterschiedlichen Farben nach.

2 📗 **Lesebuch Seite 80/81**   Lies das Spielstück.

3 Was passiert mit dem Eis? Schreibe auf.

4 Was wollen die Monster? Kreuze die richtige Antwort an.

☐ Die Monster wollen das Eis essen.

☐ Die Monster wollen dem Mädchen helfen.

5 Bastelt Stabpuppen.
Zeichnet das Mädchen, die Monster und die Eiswaffeln
auf eine dünne Pappe. Schneidet die Figuren aus.
Klebt auf die Rückseite jeder Figur einen Stab.
Überlegt, wie die Figuren ihren Text sprechen:
laut, leise, listig, freundlich, hochnäsig …
Führt das Stück auf.

Stern von Bethlehem

1 Welche Sterne gibt es nicht? Streiche in jeder Zeile das falsche Wort durch.

Zimtstern   Friedensstern   Strohstern   Glitzerstern   Ballstern   Sternchen

Sternschnuppe   Sheriffstern   Sternsäge   Sternzeichen   Sternfrucht

Sternhund   Sternwarte   Abendstern   Sternsinger   Seestern   Weihnachtsstern

2 **Lesebuch Seite 82/83** Lies das Spielstück.

3 Markiere in **1** alle Sterne, die sich für die Rolle
als Stern von Bethlehem bewerben.

4 Markiere den Stern und seinen Satz in derselben Farbe.

Seestern *(gelangweilt)*:	„Ich sorge für Recht und Ordnung am Himmel!"
Sheriffstern *(laut, kraftvoll)*:	„Im Meer herumplanschen ist langweilig."
Zimtstern *(schmatzend)*:	„Ich bin sowieso die Schönste."
Sternschnuppe *(angeberisch)*:	„Es geht um ein Zeichen für den Frieden."
Friedensstern *(nachdenklich)*:	„Ich selbst kriege nie genug von mir!"

5 Spielt das Stück.

1) Verteilt die Stern-Rollen.
2) Überlegt euch, wie euer Stern aussieht, und malt ihn auf.
   Ihr könnt euren Stern in den Händen halten oder am Pulli befestigen.
3) Übt eure Rolle.
   Beachtet dabei, wie der Stern sich verhält und wie er spricht.
4) Führt das Stück auf.

Das habe ich gelernt

In deinem Lesebuch hast du
unterschiedliche Spielstücke kennengelernt.

Kreuze an, was zutrifft.

☐ Ich habe verschiedene Spielstücke gelesen.

☐ Ich weiß, was eine Rolle ist.

☐ Ich habe eine Rolle in einem Spielstück laut gelesen.

☐ Ich habe bei einer Aufführung mitgespielt.

☐ Ich habe mir vorgestellt, wie die Figur aussieht und spricht.

☐ Ich habe mich für eine Rolle verkleidet.

☐ Ich habe für eine Aufführung ein Bild gemalt.

☐ Ich habe eine Aufführung gesehen.

Welcher Satz gefiel dir in einem der Spielstücke besonders gut?
Schreibe diesen Satz auf.

Diese Rolle möchte ich gerne einmal spielen

Ich als

Das alles sind **Medien**.

1. Ich kenne verschiedene Medien.

Diese Medien kenne ich.

Diese Medien habe ich schon benutzt.

2. Ich finde, was ich wissen will.

Ich habe schon einmal

☐ in einem Lexikon etwas nachgeschlagen.

☐ in einer Bibliothek ein Buch ausgeliehen.

 ☐ eine Kindersuchmaschine im Internet genutzt.

3. Ich setze mich mit anderen in Verbindung.

Ich kann

☐ telefonieren.

☐ eine E-Mail schreiben. (Ein Erwachsener kann helfen.)

4. Ich präsentiere meine Ergebnisse.

Ich habe

☐ Informationen auf einem Plakat vorgestellt.

☐ Geräusche aufgenommen und die Aufnahme abgespielt.

☐ mit anderen Kindern einen Beitrag fürs Schulradio gesendet.

5. Ich denke darüber nach, wofür ich Medien nutze.

Ich nutze Medien

🔴 zum Lernen.

🟣 zum Erleben von Geschichten.

🔵 zum Informieren.

🟡 zum Spielen.

🟢 zum Musikhören.

Bücher ⚪⚪⚪⚪⚪

Fernseher ⚪⚪⚪⚪⚪

Hörbücher ⚪⚪⚪⚪⚪

Computer ⚪⚪⚪⚪⚪

Radio ⚪⚪⚪⚪⚪

Smartphone ⚪⚪⚪⚪⚪

MEDIEN clever nutzen weiter so! ★

*Das machst du **vor** dem Lesen.*

- Lies nur die Überschrift.

- Sieh dir die Bilder an.

- Vermute: Worum geht es in dem Text?

  Weißt du schon etwas über das Thema?

*Das machst du **beim** Lesen.*

- Lies den Text langsam und genau.

- Wenn du die Wörter nicht kennst:

  Lies die Textstelle noch einmal.

  Sieh dir die Bilder noch einmal an.

  Frage jemanden.

- Stelle W-Fragen an den Text: Wer? Was? Wie?

  Beantworte die W-Fragen.

*Das machst du **nach** dem Lesen.*

- Überlege: Hast du alles verstanden?

- Überprüfe: Was hast du Neues erfahren?

- Vergleiche: Waren deine Vermutungen richtig?

Welche Lesetipps hast du ausprobiert? Welche Tipps haben dir geholfen?